AF245780

BIOGRAPHIE

DE MONSIEUR

LOUIS - FRANÇOIS

HERBAUX

DÉCÉDÉ PIEUSEMENT A TOURCOING

le 9 novembre 1862

PAR L'ABBÉ DUCOULOMBIER

PROFESSEUR AU COLLÉGE

———

Se vend au profit
de l'Œuvre de Saint-Louis de Gonzague.

———

TOURCOING

J. MATHON, IMPRIMEUR - LIBRAIRE

———

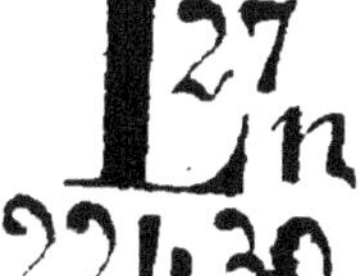

BIOGRAPHIE

LOUIS - FRANÇOIS

HERBAUX

DÉCÉDÉ PIEUSEMENT A TOURCOING

le 9 novembre 1862.

PAR L'ABBÉ DUCOULOMBIER

PROFESSEUR AU COLLÉGE

—•◦•—

TOURCOING

J. MATHON. IMPRIMEUR - LIBRAIRE

MDCCCLXVI

Il y a quelques années (9 novembre 1862),
un aimable et saint jeune homme de Tourcoing,
épuisé par une longue et douloureuse maladie,
rendait à Dieu son âme sanctifiée par la souf-
france et par la charité. Louis Herbaux sortait
de ce monde, revêtu de la douce auréole des
prédestinés, et emportant avec lui la reconnaissance de la cité tout entière. Simple ouvrier, il
fut accompagné à sa dernière demeure par tous

ceux qui savent encore honorer et apprécier à sa juste valeur le dévouement chrétien. L'opulence et la pauvreté se rencontrèrent près de son cercueil pour pleurer en lui un disciple, j'allais dire un martyr de la charité. Depuis ce jour mémorable, qui a laissé à Tourcoing d'impérissables souvenirs, le pauvre et l'orphelin continuent à répéter son nom béni, et il n'est pas rare de rencontrer des familles, qui lui ont voué, au foyer domestique, un culte de vénération et de confiance; mais il pourrait arriver que la mémoire de ce bon jeune homme perdît peu à peu sa pieuse popularité et la douce influence qu'elle a conservée jusqu'aujourd'hui.

Aussi, pour suivre les conseils des saintes Écritures, qui ordonnent de nous souvenir des âmes justes, nous avons cru qu'il serait agréable à Dieu, et peut-être utile au bien, de retracer en quelques pages la pieuse existence de Louis Herbaux. Dans une ville industrielle et commerçante, où s'agite une nombreuse jeunesse, vouée aux différentes carrières de l'industrie, il n'est pas sans utilité de montrer, dans un excellent employé, comment on peut allier les devoirs, et même les conseils de la religion, aux exigences d'une position secondaire ; comment la foi du chrétien sait trouver, au sein de l'atelier, le secret de la plus haute perfection et le foyer de la plus ardente charité.

Enfin, en présence du flot toujours croissant des enfants de fabrique, dont le nombre et la perversité semblent augmenter chaque jour, et qui imposent à la religion de si importants devoirs, est-il inopportun de faire revivre la touchante image d'un jeune homme qui a consacré aux ouvriers le dévouement de son âme et la fleur de sa jeunesse?

Puissent les quelques lignes qui vont suivre et qu'une main amie dépose sur son tombeau, encourager et développer encore le zèle infatigable des prêtres et des laïques qui ont accepté auprès des ouvriers les rôles d'apôtres et de missionnaires, et qui perpétuent, au milieu de notre cité, les plus nobles traditions de la charité chrétienne!

CHAPITRE I

Louis dans sa famille et au collége.

> *O quam pulchra est casta generatio cum claritate.*
>
> Oh! quelle est belle et éclatante la génération chaste!   SAP. IV.

Louis François Herbaux naquit à Tourcoing, le 8 janvier 1834, d'une famille honnête et respectable, mais peu favorisée des dons de la fortune. Ses premiers pas dans la vie furent dirigés par une pieuse mère, qui sut entretenir et développer dans le cœur de son fils les précieux germes des vertus, et pour laquelle Louis eut toujours la plus profonde vénération. L'heureux naturel de l'enfant facilita l'œuvre maternelle : son caractère aimable et son penchant à la piété le rendirent susceptible de salutaires impressions.

Il ne laissait pas cependant d'avoir une grande
vivacité : il se portait vers les jeux de l'enfance
avec une ardeur et une passion qui désespéra
souvent la patience de ses parents et de ses
premiers maîtres; il lui échappait même parfois
quelques petits accès de colère, qu'on parvenait
assez difficilement à calmer. En tout cela néanmoins rien de vindicatif, et sa nature, quoique
passionnée et turbulente, révéla de bonne heure
cet instinct de générosité qui sait oublier et
pardonner; il eut surtout le bonheur inappré-
ciable de conserver, au milieu de la vivacité de
sa première enfance, la fleur de la pureté et de
l'innocence, d'où le fruit de la sainteté devait
se dégager un jour.

Cependant on ne savait ce que deviendrait cet
enfant; Dieu semblait ajourner son action sur
lui, et attendre une circonstance solennelle pour
se manifester pleinement à son âme. Le jour de
la première communion approchait. Depuis deux
ans, Louis suivait, avec la plus grande régularité, les catéchismes et les instructions prépara-
toires, et l'on remarquait qu'il était dominé par
la pensée du mystère ineffable auquel il était
initié. Aussi se prépara-t-il à sa première communion avec une ferveur inaccoutumée (1846).

Les personnes qui l'avaient connu et qui le virent dans le cours de la retraite, furent frappées de l'impression qu'il paraissait en ressentir; mais le fruit en apparut surtout au grand jour de sa première communion. Et en effet, quand Dieu entre dans une âme qui s'est conservée pure, quelle sensibilité pour ses grâces ne doit-il pas y trouver? Quelles célestes impressions ne doit-il pas y faire? « Nous avons été étonnés, écrit une de ses sœurs aujourd'hui religieuse, du changement qui s'est opéré dans l'âme de notre frère, à l'époque de sa première communion. Son recueillement devint plus profond et sa piété plus vive. Il perdit, avec le goût des plaisirs bruyants, la turbulence naturelle qui parfois nous inquiétait. »

Son application et sa bonne conduite lui avaient valu la place d'honneur au jour de sa première communion.

Quelques mois plus tard, Louis entrait comme externe au collége. Nous aimons à rappeler ici que les portes du collége lui furent ouvertes gratuitement par le vénérable abbé Lecomte. La charité de ce saint prêtre, qui a fait éclore tant de vocations sacerdotales, méritait d'être l'instrument de la Providence auprès de cet enfant, qui devait plus tard arborer si haut lui-même l'étendard de la charité chrétienne.

Louis fut vivement impressionné en entrant
au collége. Son âme pure semblait y avoir
trouvé le lieu de son repos et le terme de tous
ses désirs. La régularité des exercices; le parfum de vertus qui s'exhalait de cette maison
religieuse; l'appareil tout à la fois doux et sévère
de science et de religion, qui parlait à l'esprit
et au cœur, à toute heure et de mille manières;
ces maîtres revêtus presque tous du caractère
sacerdotal, en qui l'affection s'alliait à l'autorité;
tout cela offrait à l'âme naïve du jeune collégien
une source féconde d'heureuses impressions.
Aussi il se plaisait à raconter souvent à ses amis,
que ses plus doux et ses plus suaves souvenirs
se rattachaient aux premiers mois qu'il avait
passés au collége.

Louis fut six ans l'élève reconnàissant de
M. Lecomte, et durant tout ce temps il se fit
remarquer par sa piété et son amour du travail.
Sa tenue, toujours modeste et respectueuse, lui
conciliait l'estime et l'affection. La charité, qui,
sous le souffle de la grâce, devait s'épanouir en
lui par des œuvres si admirables, germait déjà
au fond de son cœur. Il aimait à rendre service

à ses petits compagnons. Sans céder à tous les caprices de leur mobile imagination, il allait au-devant de leurs désirs par cet instinct de bien-veillance et d'aménité charitable, qui a toujours fait le fonds de son caractère. C'était toujours le bon Louis, soumis à ses supérieurs et respec-tueux envers tout le monde ; sa jeune âme, qui avait toute la fraîcheur de la pureté, s'ouvrait doucement à l'aimable influence de la piété qu'il respirait au collége. Mais son esprit ne restait pas inactif; il puisait chaque jour de nouvelles forces dans l'étude sérieuse de la langue latine et dans une application constante à tous ses devoirs. Sans être doué d'une intelligence supé-rieure, et sans appartenir à cette classe d'esprits d'élite, toujours si rares et quelquefois si dange-reux, Louis possédait un jugement droit et un bon sens pratique, qui lui donnaient une certaine autorité sur ses condisciples : sa parole et ses avis étaient toujours religieusement écoutés. Il faut dire aussi qu'il achevait de convaincre par sa bonté ceux qui ne se rendaient pas à sa pru-dence et à ses conseils.

Louis avait à peine passé une année au collége, il était encore en septième, quand il demanda à entrer dans la Congrégation de Saint-Louis de

Gonzague. Il y fut reçu comme approbaniste,
le 15 février 1848, et dès lors il ne chercha plus
qu'à mériter par sa bonne conduite d'être admis
définitivement dans la Congrégation du Patron
de la jeunesse. Il obtint ce bonheur à la suite
d'une retraite prêchée au collége par le R. P.
Colpin, de la Congrégation du Saint-Rédemp-
teur, qui a laissé parmi nous les plus durables
et les plus touchants souvenirs.

En consultant les registres de la Congrégation,
nous avons trouvé qu'il fut élu 2e conseiller en
octobre 1849, bien qu'il eût à peine commencé
sa classe de cinquième. Quelques années plus
tard, le 23 janvier 1852, il obtint de prendre
Marie pour patronne spéciale, en entrant dans
la Congrégation de la très-sainte Vierge : il n'est
pas douteux que ce nouvel honneur accordé à sa
piété n'accrut encore dans son cœur la dévotion
qu'il avait vouée à Marie dès sa plus tendre
enfance. Il était temps d'ailleurs pour lui de se
ménager des secours et de s'assurer une protec-
tion efficace : une épreuve bien pénible attendait
le pieux Louis au seuil de son adolescence.
L'heure du combat allait bientôt sonner pour lui.

En 1853, pendant qu'il suivait la classe de
seconde, une gêne imprévue se manifesta dans

sa famille; le besoin se fit sentir au foyer domestique. Mme Herbaux hésita longtemps avant de parler à son cher Louis du sacrifice qu'elle allait réclamer de sa piété filiale. Depuis longtemps elle s'était habituée à la pensée que son enfant de prédilection était appelé à l'état ecclésiastique, et elle craignait de ravir à Dieu une âme sur laquelle il avait peut-être jeté les yeux de sa miséricorde. Il fallait bien pourtant sortir du mauvais pas, dans lequel son petit patrimoine était si malheureusement engagé. Elle se décida donc à consulter l'expérience de M. l'abbé Lescouf, sous-principal du collége, qui dirigeait la conscience de son fils. Le sage directeur demanda quelques jours pour réfléchir, et, durant l'intervalle, il eut avec Louis plusieurs entretiens intimes, à la suite desquels il fut décidé que le saint jeune homme quitterait le collége pour aider sa famille. La Providence, en l'arrachant à ses études et en lui enlevant jusqu'à l'espérance d'être un jour revêtu du sacerdoce, lui demandait un sacrifice pénible : c'était le premier pas qu'elle lui faisait faire dans la carrière de l'abnégation et du dévouement qui allait désormais s'ouvrir devant lui.

CHAPITRE II

Louis dans le commerce.

C'est un moment bien important dans la vie d'un jeune homme que celui où il dit adieu à une maison d'éducation, qui a vu fleurir son adolescence, pour entrer dans le tourbillon du monde et le tumulte des affaires. Jusque-là il a goûté, sous la tutelle vigilante et l'aimable patronage de ses maîtres, ces joies si pures de la jeunesse, dont le souvenir ne s'efface jamais. Il a vécu à l'ombre de la religion et de l'autorité; il faut maintenant qu'il se mette en face des tristes réalités de la vie, et qu'il dirige lui-même son âme encore novice à travers les flots d'un monde dangereux et passionné, sans autre gouvernail que les principes de la foi et de la religion.

Aussi, le généreux Louis, obligé de quitter le collége, ne fut pas sans ressentir une profonde inquiétude. Son cœur était à la gêne dans un milieu qui paraissait n'être pas fait pour lui ; mais il se résigna aux desseins secrets de la Providence. Son premier soin fut de chercher une position. « Je désire avant tout, disait-il à sa mère, une maison chrétienne qui me permette de faire mon salut. » Ses vœux se réalisèrent. Il fut placé comme employé dans une maison de commerce qui avait conservé les traditions chrétiennes et les habitudes de la religion. Louis se trouvait donc avoir atteint l'objet de ses désirs ; heureux de pouvoir venir en aide aux dures nécessités de sa famille, il avait la satisfaction de penser qu'il n'achèterait pas son modique salaire au prix de sa foi et de sa conscience. Mais une épreuve pourtant l'attendait encore. Il avait à peine passé quelques mois chez son patron, que celui-ci, appréciant l'intelligence et la probité de son employé, résolut de se décharger sur lui du soin des voyages. Louis hésita longtemps avant d'accepter la nouvelle position

qui lui était faite ; il comprenait par instinct
le danger d'une vie nomade, loin du foyer de
la famille, loin des affections de l'amitié ; il ne
se sentait pas encore le courage d'affronter seul
les dangers du monde. Cependant, résigné à faire
le sacrifice de son bon plaisir à celui de sa mère,
il se rendit aux désirs de son patron, et il devint
commis-voyageur.

Il se montra dans cette nouvelle position le
modèle des employés et le modèle des chrétiens ;
il servit les intérêts de son patron avec une persévérance et une activité qui lui valurent souvent
les éloges les plus mérités. Il se faisait un point
de conscience de consacrer à la clientèle tous les
instants de sa laborieuse journée ; mais, quand
le soir était venu, il secouait le fardeau des
affaires pour converser avec Dieu ou avec sa
mère, et le souvenir de sa famille venait animer
sa solitude et son isolement.

Il ne manquait jamais de se rendre, à la
tombée du jour, dans une église ou dans une
chapelle, pour rendre visite au Dieu de l'Eucharistie, ou pour recevoir la bénédiction du très-
saint Sacrement. Quand il le pouvait aisément,
il entrait dans toutes les églises qu'il rencontrait
sur sa route, et plusieurs fois son cœur chrétien

s'est senti porté à la désolation, en voyant la pauvreté et le dénuement de la maison du Seigneur dans un certain nombre de villages. « J'ai vu en passant l'église du pauvre village de X***, écrivait-il en 1854 à un de ses amis ; j'ai eu les larmes aux yeux en la voyant si pauvre et si nue. De grâce, mon cher ami, il faut faire une quête en faveur de cette église. »

Quelquefois, quand il se trouvait le dimanche dans une de ces paroisses, heureusement assez rares, où l'on viole ouvertement la loi de Dieu par un travail défendu, il se prenait à regretter son catholique clocher et les belles cérémonies de sa ville natale. « Oh ! rendez-moi mon Tourcoing, disait-il à sa mère le 1er novembre 1854, rendez-moi les beaux offices de Saint-Christophe. Pendant que vous assistez aux vêpres dans une église toute pleine de fidèles, je suis ici presque seul dans une misérable chapelle ; pendant que vous entendez avec émotion l'office des morts et le son si chrétien des cloches de Saint-Christophe, je suis étourdi dans ma petite chambre par les cris et les disputes. Oh ! que j'envie votre bonheur ! Votre souvenir me suit partout. »

Heureusement pour notre saint jeune homme, il ne fut pas soumis trop longtemps à l'épreuve

de l'isolement et des voyages. En 1855, il quitta
son premier patron pour entrer comme employé
dans l'importante maison de M. Six-Duduve. Il se
trouvait d'autant plus heureux dans cette nouvelle
position, qu'il pouvait espérer désormais une vie
plus tranquille et plus en rapport avec ses goûts.

Louis passa huit ans chez M. Six-Duduve, et
il s'y fit toujours remarquer par son assiduité
au travail et l'accomplissement de tous ses devoirs.
C'était le commis le plus fidèle et le plus exact.
Il apportait dans son emploi la précision et la
régularité, qui se remarquaient dans sa conduite.
Son magasin était d'une propreté exquise; tout
était à sa place et dans un ordre invariable. Il en
faisait quelquefois les honneurs aux amis qui
allaient le visiter, et l'on aimait à voir la bonne
tenue qui régnait partout. Aussi nous avons
recueilli de la bouche de M. Grau-Six, qui dirige
aujourd'hui l'établissement de son beau-père, le
témoignage suivant, qui dispense de tout autre
éloge : « C'était le meilleur de mes employés;
sa perte laisse un vide considérable dans ma
maison. » Hommage mérité, rendu à huit ans
du dévouement le plus admirable aux intérêts
de son patron! Il aimait ses maîtres, non point
de cette affection mercenaire, qui vend à prix

d'argent tout ce qu'elle veut donner, il avait pour eux un attachement profond et sincère. Certes, on rencontre aujourd'hui un grand nombre d'employés vertueux, qui unissent l'intelligence du commerce à la probité la plus entière, qui ont à cœur les intérêts de la maison qui les occupe ; mais il en est peu, qu'on nous permette de le dire sans faire injure à personne, qui sacrifieraient les espérances d'un avenir plus brillant pour rester attachés à leur patron. Eh bien, ce désintéressement, si rare en ces jours d'égoïsme, s'est rencontré dans notre saint jeune homme. Il a refusé plusieurs fois de s'associer à des projets importants dans la crainte de déplaire à ses maîtres. « Avec la probité, nous écrit un respectable prêtre qui a été sept ans son directeur, avec la réputation de jeune homme vertueux qui le distinguait, certes, s'il l'eût voulu, il eût pu, dans une ville industrielle et chrétienne comme Tourcoing, arriver, sinon à la fortune, du moins à une honnête aisance. Il n'a jamais fait, malgré mes invitations et mes avances, le moindre effort, la plus petite démarche pour améliorer sa position. Lorsque je le mettais sur le chapitre des intérêts personnels, il me répondait : — Nous verrons plus tard, laissons faire le bon Dieu ;

il n'est pas besoin d'être riche pour être heureux; j'aime mieux me reposer sur la Providence. Et puis j'aime mon patron. »

M. Grau-Six avait donc raison de regretter vivement la mort de son fidèle employé. D'ailleurs il perdait en lui non-seulement un commis intelligent et dévoué sur lequel il pouvait se reposer en toute sécurité, mais encore et surtout le protecteur, pour ne pas dire l'apôtre de ses ouvriers. Dès son arrivée dans la maison, Louis avait gagné tous les cœurs par ses bonnes manières et par sa douceur. Loin d'imiter ces employés durs et inflexibles, qui font peser cruellement sur les autres la dépendance où ils sont eux-mêmes vis-à-vis de leur patron, il avait pour tous ceux qui s'adressaient à lui une parole aimable, un mot affectueux. Sa charité ingénieuse prévenait les désirs des pauvres ouvriers; il écoutait avec bonté le récit de leurs misères, et quand ils étaient surpris en défaut, il leur indiquait charitablement le moyen d'éviter une réprimande ou une punition. Il ne manquait à leur égard à aucun des devoirs de la politesse chrétienne; il allait lui-même remercier affectueusement l'ouvrier qui lui avait rendu service. « Ne soyez pas gênés devant moi, disait-il souvent à ceux qui réclamaient de lui quelque service, je ne suis qu'un pauvre ouvrier comme vous. »

Ces procédés délicats, unis à une véritable charité, donnèrent à Louis une autorité puissante sur les ouvriers, qui se sentaient relevés à leurs propres yeux ; il devint le confident intime de toutes les douleurs et de toutes les peines. On s'adressait à lui pour mettre le bon ordre dans les familles : la mère lui amenait son fils incorrigible, et très-souvent les douces paroles, les bons conseils de Louis faisaient impression sur le cœur de l'enfant insoumis. La jeune fille, qui ne trouvait pas toujours, au sein du tumulte de l'atelier, un asile assez sûr pour sa vertu, avait en lui un protecteur dévoué ; elle se sentait à l'aise quand elle avait confié ses craintes et ses inquiétudes à la discrétion de Louis. Le pudique jeune homme écartait le danger doucement et sans bruit, sans compromettre le secret qui lui avait été confié. En un mot, sa présence dans l'atelier de M. Grau-Six fut un immense bienfait pour les ouvriers dont il connaissait les véritables intérêts.

Dans les dernières années qu'il passa au milieu d'eux, il établit dans la filature une société de secours mutuels, destinée à venir en aide aux

malades. Il est rare que l'ouvrier soit économe
et résiste à la tentation de la dépense ; l'argent
semble brûler entre ses mains, et il se hâte
de l'éparpiller en mille fantaisies. Il se crée des
besoins factices qui s'imposent bientôt comme de
tristes nécessités ; il jette dans le tiroir du cabaret
l'espérance de sa vieillesse et la dignité de sa
famille. C'est donc lui rendre un véritable service
que de l'habituer à régler ses dépenses et à
prévoir pour l'avenir des situations malheureuses.
A ce point de vue, on ne peut trop louer ni
encourager l'établissement des caisses d'épargne
et des sociétés de secours mutuels ; la moralité
des ouvriers y est fortement intéressée.

Chez M. Grau-Six, l'œuvre était établie comme
dans une vraie famille. Chaque ouvrier, en dépo-
sant deux sous chaque semaine dans la caisse
de l'association, avait droit, en cas de maladie,
au paiement de ses journées perdues [1], et, ce
qu'il ne trouvait nulle part ailleurs, il pouvait
compter sur la charité inépuisable de M. Louis.
Car notre bon jeune homme ne bornait pas son

---

[1] Nous devons ajouter que M. Grau-Six contribua large-
ment à cette œuvre éminemment utile dans un atelier ;
quand les ressources de l'association étaient épuisées, il
venait en aide à la caisse par une généreuse offrande.

zèle à la direction matérielle et économique de
son œuvre, il se faisait l'infirmier des ouvriers
malades ; il allait les visiter sur leur lit de douleur et leur porter les plus douces consolations.
Condescendant aux désirs de ses chers malades,
il avait soin, en se présentant devant eux, de
se munir toujours d'un petit dessert qu'il allait
recueillir sur la table du riche ; il apportait surtout une parole aimable et des soins affectueux.
Quand la misère habitait avec la maladie sous
le même toit, il tendait la main à la charité
opulente en faveur de ses pauvres ouvriers. La
pensée de la mort ne le faisait même pas reculer ;
il allait lui-même réciter les prières des agoni-
sants au chevet du lit des moribonds. Plusieurs
fois aussi il réclama, comme· un droit honorable,
de les ensevelir de ses propres mains.

Aussi les ouvriers de M. Grau-Six ont-ils conservé
la mémoire de Louis avec un religieux respect et
une profonde reconnaissance. Ils ont accompagné
sa dépouille mortelle jusqu'à sa dernière demeure, et les larmes abondantes qui s'échappaient de leurs yeux manifestaient hautement
combien ils ressentaient la perte qu'ils venaient
de faire. Bien plus, ils ont voulu perpétuer dans
l'atelier et conserver sur sa tombe le témoignage

de leurs éternels regrets : ils ont déposé sur la
pierre qui le recouvre une couronne d'immor-
telles ; et pour rendre son souvenir plus présent
à leurs yeux au milieu de cet atelier qu'il avait
sanctifié par la charité, ils ont placé son image
au-dessus de tous les métiers. Il vit donc encore
au milieu d'eux avec l'exemple de ses vertus et
le témoignage de sa charité. Puissent les ouvriers qu'il a tant aimés être toujours fidèles aux
leçons chrétiennes qu'ils ont si souvent reçues
de sa bouche et de son cœur !

CHAPITRE III

Vertus de Louis Herbaux.

—

I. Sa piété.

> *Domine, spes mea à juventute mea.*
>
> Seigneur, j'ai espéré en vous dès ma jeunesse. PS. LXX. 5.

Les quelques pages qui précèdent avaient pour but de rappeler à grands traits la douce existence de notre saint jeune homme : dans cette vie si calme et si dévouée, il n'est rien sans doute qui frappe l'imagination ou séduise la curiosité; tout y est simple et paisible. Mais si l'esprit n'a pas été remué, peut-être que le cœur en aura ressenti une favorable impression. Nous voudrions maintenant faire revivre plus complétement au souvenir du pieux lecteur l'aimable figure du bon Louis, en détachant de sa physionomie morale quelques traits particuliers, en nous arrêtant sur ses vertus de prédilection, nous voulons parler de sa piété et de sa charité.

La piété est de tous les âges; mais elle semble revêtir une forme particulière dans l'âme du jeune homme. Elle entoure sa tête encore pure d'une sainte auréole, qui devient pour lui une couronne de sagesse. Elle communique aux traits de sa figure une gravité virginale, qui commande le respect, en même temps qu'elle inspire l'affection. « Aussi, pour citer le témoignage d'un » illustre évêque, chaque fois que l'Ecriture sainte » parle des jeunes gens pieux, elle emploie des » expressions tout-à-fait particulières. L'homme, » en général, il nous est dit que Dieu pousse en- » vers lui les égards jusqu'au respect ; mais le » jeune homme, l'élite des jeunes gens, les jeunes » hommes de choix, *electi juvenes*, les écrivains » sacrés n'en parlent jamais froidement. Leurs » accents se colorent de poésie, s'animent, s'é- » chauffent, se remplissent d'enthousiasme. On

» trouve à cet égard de beaux passages dans
» les livres des Machabées. C'est à un cercle de
» jeunes hommes que Jean, le disciple de l'amour,
» écrivait en ces termes : Je vous écris, jeunes
» hommes, parce que vous êtes forts, et que le
» Verbe de Dieu demeure en vous ; et c'est d'un
» jeune homme aussi qu'il est raconté par les
» Evangélistes que Jésus-Christ après l'avoir vu,
» le regarda et qu'il l'aima [1]. »

Louis Herbaux appartenait par son caractère
à cette classe de jeunes gens d'élite, qui sont
l'honneur de la religion : un parfum d'angélique
pureté semblait s'échapper de toute sa personne.
Sa figure, empreinte d'un suave recueillement,
reflétait la candeur transparente de son âme. Sa
piété, toujours douce et aimable, attirait tous les
cœurs : on ne pouvait le voir sans se sentir porter
à aimer davantage la vertu, qui se montrait en
lui sous des traits si séduisants. Il faut dire aussi,
que Louis ne se contentait pas des spéculations
d'une piété facile dans son oisiveté, il en pro-
duisait les actes avec un zèle infatigable, qui ne
se rebutait devant rien, et qui ne reculait jamais.

Sa piété envers Dieu se manifestait surtout au
sacrement de l'Eucharistie, qui est par excellence

[1] Mgr Pie, évêque de Poitiers.

le mystère de l'amour et le foyer de la vraie dévotion. On aimait à le voir à l'église, prosterné
devant le tabernacle, où réside voilée la Majesté
du Seigneur. Sa figure s'animait doucement sous
l'action de Jésus-Christ, qui se communiquait à
son âme ; son cœur s'ouvrait comme pour recevoir à flots les eaux salutaires de la grâce divine.
Aussi, pour jouir plus souvent du bonheur ineffable de converser avec son Dieu, il ne négligeait
aucune occasion qui se présentait à lui. Dans
les sorties que sa position nécessitait parfois, il
choisissait volontiers le chemin de l'église, pour
avoir la consolation de saluer son Sauveur. Le
matin, avant de se rendre au travail, il allait
se prosterner devant l'adorable Victime qui des-
cend chaque jour sur les autels pour le salut du
monde, et assistait à la sainte messe. Le soir,
après les fatigues de la journée, ses pieds se por-
taient encore vers la demeure de son Dieu : il se
rendait en toute hâte au salut. « Il se serait plutôt
» privé de souper, écrit une de ses sœurs, que de
» manquer la bénédiction du saint Sacrement.»
Quelquefois aussi on le voyait suivre, modeste et
recueilli, à travers les rues de la cité, le divin
Sauveur portant aux malades les dernières consolations de la religion. Peut-on douter après cela

que Louis n'ait ressenti pour la sainte communion la sainte ardeur des âmes pieuses et des élus
de Dieu? Comme tous les cœurs purs, il avait
soif de la sainte Eucharistie; son âme angélique
désirait ardemment de se nourrir du pain des
anges. Qui nous dira les affections qui jaillissaient
de son cœur dans les moments heureux où le
Seigneur du ciel se communiquait à lui dans les
douceurs ineffables de la communion? Qui pourrait raconter les sublimes élans de charité et de
dévouement, qui s'échappaient alors de l'âme du
pieux Louis? « Les jours, où il avait reçu la
» sainte communion, écrit sa sœur, Louis nous
» prodiguait toutes les marques possibles d'affec
» tion, on sentait qu'il avait reçu dans son cœur
» le principe du véritable amour. »

Louis se préparait à ses communions par un
redoublement de piété et une confession fervente.
Citons sur ce point le témoignage de son directeur. « Louis se confessait au plus tard tous les
» quinze jours. Les soins qu'il apportait à ce grand
» acte de la religion montraient qu'il en compre
» nait l'importance, en même temps qu'ils lais
» saient voir les bas sentiments qu'il avait de lui-
» même. Tout le monde admirait et louait sa
» piété ; lui seul trouvait à s'accuser de sa tiédeur

» et du peu qu'il faisait pour plaire à Dieu. Pour
» moi j'écoutais ses accusations, comme l'on
» écoute un sermon touchant ; et plus d'une fois,
» j'ai dû me contraindre pour ne pas éclater en
» sanglots, en entendant avec quelle sévérité, ce
» bon jeune homme se reprochait les moindres
» imperfections. »

La dévotion à la sainte Eucharistie vivifiait
et entretenait dans le cœur du bon Louis la dévotion à la très-sainte Vierge. L'amour de Marie
était né avec lui. Il l'avait puisé au sein d'une
famille chrétienne, et cette affection s'était dé-
veloppée encore dans les exercices d'un collége
consacré à la très-sainte Vierge. A partir du jour
où il fut inscrit sur le registre des Enfants de
Marie, l'ardeur de sa tendresse pour elle s'accrut
d'une façon sensible. Il se fit au collége une
double obligation et un pieux devoir de réciter
tous les jours à la messe l'Office de l'immaculée
Conception, et une partie de son chapelet ; saintes
pratiques, que l'esprit de Dieu inspire aux âmes
pures et aux jeunes gens privilégiés. Quand il eut
quitté le collége et la Congrégation ; il resta fidèle
au culte de Marie. Au milieu même de ses nom-
breuses occupations, il ne passa jamais un seul
jour sans réciter son chapelet : son plus grand

bonheur était de dérouler entre ses doigts les
grains de son rosaire. Aussi, dans la cruelle maladie qui termina sa vie, quand il sentit ses
forces défaillir et trahir les élans de sa piété, son
plus grand regret, sa plus grande peine, c'était
de ne pouvoir plus dire son chapelet. « Ma sœur,
» disait-il les larmes aux yeux, que vais-je deve-
» nir? Je ne sais plus réciter mon chapelet ! Ah !
» de grâce, dites-le à haute voix, afin qu'au
» moins j'en entende la récitation. »

Ajoutons un dernier trait pour montrer l'affection filiale que Louis avait pour la très-sainte
Vierge. Pendant le mois consacré à Marie, il se
rendait tous les jours de grand matin au sanctuaire de Notre-Dame de la Marlière, situé à
une demi-lieue de Tourcoing, et il y entendait
la sainte messe avec une piété qui édifiait tous
les pèlerins.

Cet amour de Louis pour Jésus et Marie s'alliait
dans son âme à un ensemble de qualités, qui
rendent la vertu aimable. Dans Louis, toujours
gai et souriant, la dévotion paraissait si pleine
de grâces, qu'en jetant les yeux sur lui on avait
de l'estime pour elle. C'est le témoignage qu'on
lui rendit toujours. Il avait la réputation méritée
d'amener la joie avec lui, joie vive et douce, pé-

nétrante et communicative, vraie joie des enfants de Dieu. « Aussi, selon la remarque d'une per-
» sonne, qui l'a connu de près, n'avait-il pas
» d'ennemis? Jamais je ne l'ai entendu se plain-
» dre de personne; jamais non plus je n'ai en-
» tendu personne se plaindre de lui. Ses sœurs
» et tous ceux qui le connaissaient ne l'appelaient
» jamais que le bon Louis. Ces deux mots sont
» tout un éloge et le plus beau sans doute que
» l'on puisse faire d'un homme. Il m'en souvient,
» je lui ai quelquefois fait la guerre au sujet de
» cette bonté, que je trouvais parfois excessive.
» Eh bien! malgré mes arguments et l'autorité
» que j'avais sur lui, j'étais toujours battu : tant
» il était habile, ingénieux à justifier son bon
» cœur. »

Le cœur de Louis, si dévot, si pieux à l'égard de Jésus et de sa sainte mère, ne pouvait rester froid et insensible vis-à-vis de la sainte Eglise. Il avait une affection profonde pour l'Epouse de Jésus-Christ et son chef visible, N. S. P. le Pape. Cette affection, qui a remué profondément les âmes dans tous les siècles, est devenue aujour-d'hui le caractère distinctif du vrai chrétien : il n'est plus permis de rester indifférent à la cause de la Papauté ; il faut à tout prix sauver l'Arche sainte, qui porte le salut du monde. Notre saint jeune homme, étranger d'ailleurs à tout ce qui regarde la politique, aimait à s'entretenir de Rome et des événements qui s'y accomplissaient, et on sentait à ses paroles qu'un amour immense embrâsait son cœur pour la cause de la sainte Eglise. A l'époque de la guerre d'Italie, il ne pouvait aborder ses amis sans leur témoigner ses craintes et ses espérances au sujet de la Papauté. « Je me rappelle, dit un de ses amis, qu'en » 1860, après la glorieuse défaite de Castelfidardo, » il laissa échapper ces mots que je n'oublierai » jamais : Oh ! que je voudrais m'engager pour » Pie IX et lui donner mon sang, puisque je n'ai » pas de fortune à lui donner ; mais mes sœurs » me retiennent. » Cependant, s'il n'eut pas le bonheur, comme tant d'autres jeunes gens, de servir la cause de l'Eglise dans les rangs de ses valeureux soldats, il voulut du moins, dans la modeste sphère de son action, s'y employer tout entier. Etait-il question d'une quête en l'honneur du Denier de Saint-Pierre, vite il se mettait à l'œuvre, cherchant des procédés nouveaux, pour ouvrir les bourses les mieux fermées, usant de toute son éloquence pour faire triompher sa liste? S'agissait-il de favoriser la diffusion des journaux catholiques, qui sont tous les jours sur la brèche pour la défense de l'Eglise, il ne reculait devant rien pour leur donner des abonnés et des lecteurs. C'est ainsi qu'il a contribué à répandre à Tourcoing le *Propagateur de Lille* et le journal *l'Ouvrier*. Il était aussi l'apôtre de toutes les publications pieuses. L'œuvre de la Propagation de la foi, du Culte perpétuel, des Petites Lectures de Lyon, etc., trouvait en lui un ardent zélateur [1].

Terminons cet aperçu trop rapide des vertus de Louis, en disant quelques mots de sa piété à l'égard de sa mère : La piété filiale devait aisément s'épanouir dans un cœur comme le sien ; il portait si haut la délicatesse et la reconnaissance. Il aimait sa mère, et il lui témoignait en toute occasion un respect simple et vrai, qui donnait à son affection un caractère religieux. C'est pour lui venir en aide qu'il interrompit le cours de ses études, et qu'il dit adieu à toutes les espérances qu'il avait conçues de monter un jour au saint autel ; c'est uniquement pour elle, qu'il travailla pendant de longues années. Enfin,

---

[1] Il s'était chargé aussi de distribuer les livres de la Bibliothèque catholique tous les dimanches matin, et il montra dans cet emploi l'exactitude et le discernement qui le distinguaient dans toutes ses actions.

la Providence voulut, pour éprouver la piété filiale de Louis, que Mme Herbaux fut atteinte d'une cruelle et pénible maladie, qui l'obligea à garder le lit pendant quinze mois. Le dévouement du fils fut admirable dans cette triste situation, il soigna sa mère malade et rongée par un mal affreux, avec une tendresse qui ne se démentit jamais. Il avait pour elle tous les égards et toutes les attentions que pouvait lui inspirer sa charité. Aussi, sur son lit de mort, la bonne mère eut une parole de reconnaissance pour son enfant si dévoué : « O mon cher Louis, dit-elle » en pleurant, vous m'avez bien soignée, quand » je serai au ciel, je prierai pour vous. »

Après la mort de sa mère, Louis reporta toute son affection sur ses trois sœurs. Comprenant les nouveaux devoirs qui lui étaient imposés, il voulut les remplir en chrétien et en frère dévoué ; il devint dans sa famille le père le plus tendre et le plus affectueux ; il dirigeait et commandait avec la plus aimable douceur. « Jamais, écrit » une de ses sœurs, il ne nous a parlé avec » autorité, il commandait avec bonté. — Vrai » modèle de l'amour fraternel, ajoute son di» recteur, il n'avait de soins que pour ses sœurs. » Un jour, à cause d'elles, il se vit dans la né-

» cessité d'implorer mon secours. Il le fit avec
» une humilité et une simplicité dont le souvenir
» me touche encore maintenant. Il avait compté
» sur la Providence, la Providence ne lui fit pas
» défaut. Un homme charitable, que je mis au
» courant de la gêne dont souffrait le bon Louis,
» m'offrit aussitôt de lui prêter l'argent qui lui
» était nécessaire. » Faut-il ajouter qu'il avait
sacrifié au bonheur de ses sœurs, le zèle ardent
qui enflammait son âme pour la cause de l'E-
glise, et qui lui faisait désirer de servir dans
l'armée pontificale? Enfin nous avons trouvé dans
une de ses lettres adressée à sa tante, aujour-
d'hui religieuse à Rome, ces quelques lignes,
qui montrent bien la générosité et les pieuses
préoccupations de son âme : « Ma tante, je me
» dévoue pour mes sœurs; mais si un jour je
» pouvais les quitter, mon dessein est de me
» faire religieux. »

Dieu, Marie, l'Eglise et la famille ne se sé-
paraient donc pas dans le cœur de notre bon
jeune homme, il aimait Dieu et Marie, comme
un véritable chrétien; il aimait la sainte Eglise,
avec une noble passion; il chérissait sa famille,
comme un enfant bien né. A côté de cette triple
affection, profondément enracinée dans son âme,

venait encore se placer l'amour de tous ceux qui souffrent ou qui sont dans le besoin, les pauvres et les malheureux occupaient sa pensée de chaque jour, de chaque moment. Il semble même que cette générosité, ce dévouement envers les déshérités de la fortune ou de la nature, fût sa vertu principale; son cœur débordait de miséricorde envers ses frères malheureux. La société de Saint-Louis de Gonzague et l'hospice, tel fut surtout le théâtre de sa charité.

CHAPITRE IV

Vertus de Louis Herbaux (*suite*).

—

II. Sa charité.

—

1° A Saint-Louis de Gonzague.

Quandiu fecistis uni ex his fra-
tribus meis minimis , mihi fecistis.

Ce que vous avez fait au moindre
de mes frères , c'est à moi que vous
l'avez fait.   S. MATTH. XXV. 40.

L'industrie moderne, a-t-on dit, a tué l'enfance ;
elle a enlevé l'adolescent au foyer paisible de la
famille pour le jeter dans le bruyant tumulte de
l'atelier. En l'arrachant aux mains bénies de la

religion, elle l'a laissée en proie à la spécu-
lation. On est effrayé quand on considère le nombre des enfants qui gémissent avant l'âge sous le
joug et l'oppression de l'industrie. Le spectacle
qu'offrent à cet égard les grands centres manu-
facturiers n'est pas de nature à rassurer et à ré-
jouir ceux qui voient dans le développement du
commerce le terme final du progrès.

Que serait-ce si la religion n'était venue con-
tre-balancer un mal qui prenait des proportions
terribles? Mais, grâces à Dieu, la sainte Église de
Jésus-Christ, toujours attentive au bien de ses
enfants, a trouvé le moyen de combattre les dangers nouveaux qui se présentaient devant elle.
Comme la famille ne pouvait plus rien, et que
souvent le patron gardait une stoïque indifférence,
elle a entrepris de sauver du naufrage les enfants
et les jeunes ouvriers. Sous son inspiration, et
avec le concours efficace de l'autorité civile, on
a ouvert des écoles pour les apprentis et pour tous
ceux qui travaillent dans les ateliers. Au moins,
par l'école, l'enfance était soustraite pour quelques heures à la contagion de la fabrique, et respirait encore l'air du christianisme.

On a été plus loin. Le repos du dimanche que
les enfants et les ouvriers passaient dans l'oisiveté

ou dans la jouissance coupable de divertissements
défendus, on l'a utilisé à leur profit. On les a réunis
par l'attrait de jeux innocents dans une société
charitable, qui a été placée sous le patronage de
saint Louis de Gonzague. Chaque dimanche, après
l'office des Vêpres, les enfants se rassemblent
sous les ailes de la religion et de la charité dans
un local particulier, où ils trouvent tous les amu-
sements de leur âge et les récréations les plus
honnêtes, en même temps qu'ils reçoivent les plus
charitables conseils et les avis les plus chrétiens.
Disons-le hautement : l'inspiration de la religion
a été généreusement suivie ; il s'est rencontré partout non seulement des prêtres, mais des laïques,
qui ont compris l'importance de cette œuvre et
qui s'y sont dévoués tout entiers.

Dans notre ville l'établissement de la société
de Saint-Louis de Gonzague remonte bien haut
déjà. Les premiers fondements en furent jetés par
M. Auguste Dewavrin, dont toute la ville a connu
et apprécié l'infatigable dévouement. On a vu
ce charitable chrétien, qui occupe par sa famille
et par son industrie une des positions les plus
honorables de la ville, on l'a vu, pendant onze
années, s'arracher chaque dimanche, et quelquefois même chaque soir, aux douceurs du foyer

domestique et aux réunions du monde, pour venir passer de longues heures au milieu de plusieurs centaines d'enfants du peuple, se faisant leur catéchiste, leur président de récréation, je dirais presque leur serviteur. Dieu a béni cette héroïque abnégation : l'œuvre de Saint-Louis de Gonzague a prospéré au delà de toute espérance, et de nombreux enfants sont venus se ranger sous la bannière de la charité[1]. Bientôt une association pareille s'est établie sur la paroisse de Notre-Dame, et là aussi, il s'est rencontré des cœurs généreux et dévoués, qui ont accepté volontairement la mission d'instruire les ouvriers et de les former au bien. Rendons hommage à ce noble dévouement qui grandit chaque jour, et qui, en moralisant la jeunesse, nous prépare encore une génération de chrétiens fidèles à leurs devoirs religieux. Nous croyons inutile de prononcer des noms, qui sont dans toutes les bouches.

Mais quelle part revient à notre cher Louis de cette bienfaisante prospérité? En quoi a-t-il aidé l'œuvre de Saint-Louis de Gonzague?

[1] Si nous ne craignions de blesser la modestie de M. l'abbé Vanbockstael, nous dirions ici que la prospérité de l'œuvre de Saint-Louis de Gonzague, pour la paroisse de Saint-Christophe, est due aussi au zèle admirable qu'il y déploie depuis quelques années.

Remarquons-le d'abord : notre saint jeune homme n'a jamais consenti à être autre chose qu'un instrument et un auxiliaire. Il a toujours eu assez d'humilité et de bon sens pour rester à sa place et se contenter du second rang. Plein de déférence pour les conseils des autres, c'est à peine s'il se permettait d'émettre et surtout d'appuyer le sien. Mais en acceptant la modeste charge de surveillant, il apportait avec lui les ressources inépuisables et l'énergie de sa charité, et, à ce titre, il peut être justement regardé comme un des bienfaiteurs de l'œuvre de Saint-Louis de Gonzague.

Les premiers services de Louis à la société datent de 1857 ; ils furent continués jusqu'à sa mort avec la plus admirable persévérance et la plus inflexible régularité : « Toujours le premier à la société, il en sortait toujours le dernier [1]. » La voix de la famille ou de l'amitié n'a pu ébranler une seule fois l'énergique résolution ni ralentir le zèle de cet infatigable apôtre. Il faut avoir vécu dans le secret de son cœur ou dans l'intimité de sa vie pour se faire une idée du dévouement qu'il a déployé pendant cinq ans auprès des pauvres ouvriers.

[1] Témoignage de son directeur.

Chaque dimanche, au lieu de goûter un repos qu'il avait bien mérité, il conduisait aux offices de la paroisse les enfants des fabriques ; il remplissait auprès d'eux dans l'église l'office de surveillant, ou plutôt il les édifiait par sa modestie et son angélique piété. Puis il se rendait dans l'humble local de la société, et il y restait enfermé jusqu'à huit heures du soir. Qui pourrait dire toutes les fatigues qu'il a endurées durant ces longues et pénibles surveillances, au sein d'une atmosphère parfois chargée de poussière, au milieu du tumulte d'une récréation bruyante ? Qui pourrait compter tous les sacrifices qu'il a dû imposer à sa nature délicate et sensible pour vivre heureux et content avec des ouvriers, trop souvent sans reconnaissance et sans éducation, malgré leurs excellentes qualités ? Ah ! il est facile, au fond d'un cabinet artistement meublé, d'écrire de belles phrases sur la charité et sur la moralisation des ouvriers, et d'imaginer les plus séduisantes théories ; mais c'est à l'œuvre qu'on reconnaît les véritables amis du peuple. Enfermez-vous avec lui, supportez ses grossiers défauts, faites germer des vertus à la place de ses vices, partagez et encouragez ses jeux et ses délassements, vivez en un mot comme son frère et presque comme son serviteur, et alors vous pourrez vous glorifier d'aimer l'ouvrier ! Eh bien, voilà ce qu'a fait notre saint jeune homme : Il s'est dépensé pour les enfants du peuple, et à ce titre il mérite la reconnaissance de tous [1].

Il est facile aussi, en un jour donné, de se montrer généreux et dévoué, d'accepter même avec ardeur les entreprises les plus difficiles et qui paraissent les plus ingrates ; mais un zèle continu, un dévouement de tous les instants, un sacrifice de tous les plaisirs, qui se prolonge pendant des années, souvent malgré l'ingratitude et l'isolement, voilà ce qu'on rencontre rarement parmi les hommes et ce qui touche à l'héroïsme ! Ce mérite ou cette gloire toute chrétienne appartient à notre bon jeune homme.

Louis s'était spécialement chargé des fêtes et de la musique. Mettant à profit le peu de connaissances qu'il avait de l'art musical, il apprenait aux enfants à chanter les louanges de leur saint patron et la charité de leurs bienfaiteurs. Quel-

[1] Sans doute il ne soutint pas seul l'honneur de cette héroïque mission. Nous avons déjà rendu hommage au dévouement de M. Auguste Dewavrin. Ce digne chrétien nous a assuré que, grâce à l'œuvre de Saint-Louis de Gonzague, il n'a pas manqué une seule fois à la grand'messe, pendant onze années consécutives.

quefois même, un souvenir de ses études ravivait sa verve poétique, et il composait un chant en l'honneur de saint Louis de Gonzague. Nous avons eu le bonheur de retrouver un de ces poétiques essais, et nous le transcrivons ici. On pardonnera à la piété des pensées quelques fautes de détail dans la forme et la coupe des vers.

CHANT EN L'HONNEUR DE S. LOUIS DE GONZAGUE.

I.

Chantons Louis, chantons son innocence :
Il est sans tache aux regards du Seigneur ;
Comme le lis, dès sa plus tendre enfance
De ses vertus il répandait l'odeur.

CHŒUR.

Nous t'implorons à deux genoux,
Saint Louis, implore Dieu pour nous.
Nous combattons sur terre,
Soutiens nos pas tremblants, reçois notre prière.

II.

Assez longtemps son âme fut captive,
Loin des douceurs du séjour bienheureux ;
Mais en ce jour il aborde à la rive ;
Ange terrestre, il monte vers les cieux.

III.

Tendre Louis, ah ! du sein de la gloire,
Jette sur nous tes yeux compatissants ;
Si tu jouis du prix de la victoire,
Nous combattons, soutiens nos pas tremblants.

La société de Saint-Louis de Gonzague, en reconnaissance des services signalés qu'elle avait
reçus de la charité de M. Herbaux, a fait élever
sur sa tombe un monument auquel ont voulu
contribuer les bourses les plus indigentes; on cite
en particulier l'exemple d'une pauvre mère de famille qui a apporté en souscription une pièce de
cinq francs, fruit de ses épargnes et de ses économies, et qui, en présentant son offrande, avait
les larmes aux yeux parce qu'elle songeait « à tout
» le bien que M. Louis avait fait à ses enfants. »

CHAPITRE V

Vertus de Louis Herbaux (*suite*).

—

II. Sa charité (*suite*).

—

2° A l'hospice.

> *Non vos relinquam orphanos.*
>
> Je ne vous laisserai pas or-
> phelins.   S. JEAN. XIV. 18.

La charité de Louis se développait de jour en
jour : à mesure qu'il avançait dans la voie royale
des sacrifices, de nouveaux horizons se présen-

taient à ses yeux, et il les embrassait avec énergie. Tel fut le principe de son dévouement à l'é-
gard des pauvres orphelins de l'hospice.

On ne songe pas assez souvent au sort misérable
du pauvre orphelin, qui a perdu le centre de ses
affections en perdant ses parents, et qui est jeté
dans le monde comme un étranger. S'il est en
proie à la douleur, la tendresse maternelle n'est
plus auprès de lui pour essuyer les larmes qui
coulent de ses yeux; il est le seul témoin des joies
bien rares qu'il peut rencontrer. Aussi il y a
souvent dans son âme un fonds de mélancolie et
de tristesse, qui inspire la compassion et provoque
la pitié. La religion sans doute, en adoptant ces
déshérités de la nature, leur donne d'autres
mères dans les bonnes sœurs qu'elle place auprès
d'eux. Rendons justice à la charité immense que
les religieuses déploient à l'égard des malheureux
enfants qui leur sont confiés; mais leurs soins,
si assidus qu'on les suppose, pourront-ils jamais
faire oublier la tendresse d'une mère?

L'orphelinat de Tourcoing se compose de quarante-cinq enfants, divisés en deux sections d'a-
près leur âge. Il est sous la direction des Filles
de l'Enfant-Jésus.

Ce fut à la fin de novembre 1859, peu de temps

après la mort de sa mère[1], que notre bon jeune homme commença auprès des orphelins l'œuvre de charité qui, en multipliant ses mérites, devait hâter la fin de sa sainte carrière. La première fois qu'il les vit, il fut saisi d'une profonde commisération : orphelin lui-même depuis quelques jours, il sentait mieux que personne le malheur de ces pauvres enfants. Aussi il résolut de leur consacrer tout ce qui lui restait de loisir et de liberté; disons même que le soin des orphelins parut être dès lors son œuvre de prédilection. Qu'on nous permette ici d'entrer dans de minutieux détails et de ne négliger aucune des mille industries de cette charité chrétienne, qui semait sur son passage les bienfaits de tout genre.

La première pensée de Louis en paraissant à l'hospice, était de compléter l'éducation des orphelins en leur apprenant un peu de musique. Il voulut les rendre capables de chanter à la chapelle les louanges de Dieu et d'embellir les cérémonies de l'Eglise. Pour parvenir à ce pieux résultat, il n'épargna ni fatigues, ni travail; il s'adonna à son œuvre avec une générosité admirable. Tous les soirs, on le voyait courir en toute

---

[1] Sa mère, Marie-Thérèse Grau, mourut le 7 octobre 1859.

hâte vers ses bien-aimés orphelins. La douce retraite et le repos dans la famille, la visite de ses
amis, rien ne pouvait le retenir ; son cœur se
sentait à la gêne, aussi longtemps qu'il se voyait
retenu loin de ses chers enfants. La leçon de chant
se donnait au prix de mille fatigues et avec un
entrain admirable; elle était toujours trop courte,
et il fallait le règlement inflexible de la communauté pour l'interrompre et la terminer.

Aussi vit-on souvent Louis sortir de l'hospice,
ruisselant de sueur et la poitrine en feu ; mais
il avait hâte de tout oublier aux pieds de Jésus-
Christ, qui s'est immolé pour ses frères, et le
lendemain, il reprenait avec le même élan sa
vie de sacrifices. Cependant sa santé ne tarda pas
à souffrir de ce zèle vraiment héroïque. Il devint
sujet à des accès de migraine, qui le faisaient
beaucoup souffrir; mais plus rien n'était capable
de le retenir dans la carrière de la charité, ni
d'enchaîner son cœur. Et pourtant les avertissements les plus sincères, les conseils les plus pru-
dents ne lui manquèrent pas. « Je crus, écrit son
» directeur, devoir modérer le zèle du saint jeune
» homme, en lui faisant observer qu'il exposait
» sa santé. Il me répondit : *Je n'ai pas le cœur*
» *d'abandonner ces pauvres enfants. Je vois que*

» *le peu que je fais les rend si joyeux;* allez,
» Monsieur, je suis bien payé de mes peines et
» de mes fatigues. Cependant si vous me défen-
» dez..... Non, dis-je, non, je ne vous défends
» rien; mais au nom de Dieu, ménagez un peu
» vos forces. Déjà vous souffrez d'une toux qui
» effraie tous ceux qui vous aiment. »

Une pensée religieuse animait et sanctifiait cet
admirable dévouement. Il ne s'agissait pas seulement pour Louis d'apprendre à ces enfants
quelques notes de musique; un motif plus digne
de son âme chrétienne dirigeait sa charité : avant
tout, il voulait développer dans le cœur des
jeunes orphelins les principes de la foi. Il ne manquait aucune occasion de leur parler de l'amour
du bon Dieu et de sa tendresse pour les hommes [1].
« Vous n'êtes pas encore les plus malheureux de
» tous, disait-il quelquefois à ses chers enfants :
» Dieu a ouvert un asile pour vous protéger et
» vous garder ; il vous a donné de bonnes sœurs,
» qui se dévouent pour votre salut. Il a touché
» en votre faveur la charité de quelques saintes

---

[1] Louis aimait beaucoup à parler *du bon Dieu ;* c'est
sous ce titre même qu'il en parlait toujours. Que d'ouvriers
malheureux il a encouragés, en leur présentant Dieu sous
l'image d'un bon père qui console tôt ou tard ses enfants.

» personnes , qui ne vous laissent manquer de
» rien , et qui vous soignent avec tant d'at-
» tention. »

Quand s'approchait pour les plus jeunes l'é-
poque heureuse de leur première communion ,
son zèle venait en aide au R. P. Gabriel, religieux
de Sainte-Marie, qui les préparait. Les plus tur-
bulents ou les moins instruits étaient surtout
l'objet de sa sollicitude. Il s'efforçait de leur faire
entrevoir tout ce qu'il y a de grandeur et de consolation dans cette union intime de l'âme avec
son Dieu, et, sous l'influence de sa parole aimable
et chrétienne, on voyait les cœurs de ces enfants
s'épanouir à une vie nouvelle.

La dévotion à Marie n'était pas oubliée. Louis
avait trouvé le secret d'aller au cœur des orphelins en leur parlant de la très-sainte Vierge :
« Vous n'avez plus de mère en ce monde, répé-
» tait-il souvent; mais c'est une raison de plus de
» vous choisir Marie pour votre mère véritable. »
Il est d'usage à l'hospice que les orphelins, pendant le beau mois de Marie, élèvent à côté de
leur métier un petit autel en l'honneur de la
très-sainte Vierge. Cet autel est orné selon le
goût et les moyens de chacun, et les plus fervents épuisent souvent leurs économies de toute

l'année à embellir leur petit sanctuaire. Notre saint jeune homme se faisait un plaisir de visiter souvent ce que les orphelins appelaient leurs *chapelles*. Il applaudissait aux pieux efforts et à l'intelligence de ceux qui avaient réussi dans leurs décorations; il encourageait le zèle qu'ils avaient déployé et leur promettait en récompense un ornement de plus pour leur sanctuaire. S'il remarquait au contraire une chapelle moins bien ornée que les autres, il voulait en connaître la cause. Souvent, le possesseur surpris lui disait en rougissant un peu : « Monsieur, je n'avais » rien à dépenser, parce que mes parents ne » viennent jamais me voir. » Et le dimanche suivant, le pieux Louis venait embellir, pendant les offices ou pendant la promenade, la chapelle du pauvre orphelin, et lui ménager une de ces surprises que le cœur n'oublie jamais.

Le zèle infatigable de Louis porta les plus heureux fruits : on remarqua dès lors parmi les enfants plus de piété et d'obéissance; ils devinrent plus sérieux et plus sages. « Nous étions heu-» reuses, disait une des sœurs directrices de l'or-» phelinat, de le voir, au milieu des orphelins. » Il avait acquis sur eux tant d'autorité, qu'un » seul mot de sa bouche suffisait pour ramener

» dans la voie de l'obéissance ceux qui avaient
» osé s'én écarter. Aussi, quand un enfant avait
» commis une faute, la plus grande punition
» qu'on pouvait lui infliger, c'était d'en faire part
» à M. Herbaux, et quelquefois le coupable nous
» suppliait à genoux de ne pas en parler, pro-
» mettant d'être plus sage à l'avenir. »

Cette autorité, notre saint jeune homme se
l'était acquise non-seulement par son zèle et par
sa piété, mais aussi par sa bonté et son affection
pour les enfants, à l'égard desquels il agissait
comme le père le plus tendre. Il semblait qu'il
eût à cœur de leur faire oublier le foyer domestique. Il fit revivre au sein de l'orphelinat toutes
les traditions de la famille et toutes les industries
maternelles. Rien n'était oublié : depuis les
étrennes du nouvel an et la petite rente hebdo-
madaire du dimanche, jusqu'au cadeau de Saint-
Christophe, les orphelins ne perdaient rien. Louis
prélevait sur sa petite bourse et sur la libéra-
lité de ses amis, le dimanche de ses orphelins,
et la petite somme était placée dans une caisse
d'épargne établie dans l'orphelinat. Quand arri-
vait la Saint-Nicolas, il rappelait à ses enfants
les surprises et les joies de la famille, en faisant
descendre sous leur oreiller pendant la nuit les

objets les plus merveilleux. Mais que le paresseux
ou le turbulent y prenne garde ! Dans cette boîte
où s'agite un bizarre bonhomme, il y a une leçon
utile, un avertissement affectueux, envoyé du
ciel par saint Nicolas. Le porte-monnaie, réservé
à l'adolescent sur le point de quitter l'orphelinat,
contient des conseils, qui l'aideront à se bien conduire dans le monde [1].

Quelquefois, aux jours de fête, pendant que
toute la petite communauté était silencieuse au
réfectoire, un coup de sonnette retentissait et
une personne inconnue venait apporter un dessert pour les orphelins. On ne fut pas longtemps
sans connaître le généreux coupable.

Un jour, pendant la Saint-Christophe, au moment où les orphelins, sous la conduite des
sœurs, se disposaient à aller visiter le champ de
foire, Louis Herbaux arrive, s'informe aussitôt
du but de la promenade, et demande comme une
faveur la permission de les conduire lui-même à

[1] Nous copions quelques-uns de ces billets, tirés souvent
de l'*Imitation de Jésus-Christ* : « Il est impossible de
ne pas pécher quand on parle beaucoup. — Celui qui retient
sa langue est un homme prudent. — Peu avec la crainte de
Dieu vaut mieux que les richesses qui ne rassasient pas. —
Veillez sur votre cœur avec beaucoup de soin, parce qu'il
est la source de la vie. »

la foire; la charitable proposition est acceptée. La petite troupe se met en marche, plus joyeuse et plus alerte que d'habitude : avec Louis on peut s'attendre toujours à d'agréables surprises, on visite à la hâte les tumultueuses allées du champ de foire. Puis, remarquant sur le front des orphelins une inquiète tristesse, et comme un regret de ne pouvoir assister comme les autres enfants à toutes les réjouissances publiques, Louis organise une partie de plaisir, une promenade extraordinaire. Il les conduit tout joyeux à travers la campagne, et, après une heure de marche, la petite troupe arrive enfin dans une ferme où, par les soins de Louis, le plus délicieux goûter avait été préparé. Au retour, il mit à contribution le cabinet de physique d'un de ses amis, et il donna une séance d'électricité, que les enfants n'ont jamais oubliée.

Si Louis aimait les orphelins, il faut dire aussi qu'il en était aimé, comme il méritait de l'être. Les enfants à qui il prodiguait les témoignages de sa charité, lui avaient voué une vénération profonde, qu'ils ont conservée jusqu'aujourd'hui. Il leur arrive souvent encore de parler de ses vertus et de son dévouement, et ils le font avec tant de conviction et d'amour que les nouveaux venus dans la famille leur adressent quelquefois cette question, qui est à elle seule un éloge : « Mais quel est donc ce M. Herbaux dont vous » parlez si souvent ? » Chaque année, au jour de sa fête, ils improvisaient des décorations dans leur modeste réfectoire, et le timide Louis était obligé de subir des compliments, qu'il recevait d'ailleurs avec un aimable sourire. Ce jour là, il dinait avec ces enfants, plus heureux qu'à la table la plus splendide.

Cette affection s'est surtout produite dans tout son éclat à la dernière visite qu'il leur fit. C'était au mois d'octobre; Louis penchait déjà vers le tombeau; ses forces usées au service du bien, étaient sur le point de l'abandonner. Il allait mourir; mais, avant de quitter ce monde, il voulut voir une dernière fois ceux qu'il avait tant aimés en Jésus-Christ et leur donner ses suprêmes conseils. Il se rendit donc à l'hospice pour leur faire ses adieux. « Mes enfants, leur dit-il, je » vais mourir ; vous prierez Dieu pour moi. Si » je vous ai fait quelque bien, ne m'oubliez pas » dans vos prières. Soyez toujours pieux et obéis- » sants aussi longtemps que vous serez dans » cette maison. Aimez les bonnes sœurs qui » vous tiennent lieu de mères. » Des larmes coulaient de tous les yeux ; on ne pouvait songer sans douleur à la perte cruelle de ce jeune homme si bon et si dévoué. Il y eut même un moment d'une indicible émotion : un tout jeune enfant, plus impressionné que les autres, se jeta en pleurant dans les bras d'une religieuse et s'écria avec un accent qui déchira tous les cœurs : « Ma sœur, qui désormais aura soin de nous et » pensera aux pauvres orphelins. »

Louis quitta l'hospice pour n'y plus rentrer ; mais chaque jour un député de l'orphelinat, venait au nom de la communauté, prendre le bulletin de sa santé. Ordinairement c'était le plus sage qui obtenait cet honneur. Enfin, après sa mort, les orphelins sollicitèrent la faveur de veiller auprès de sa dépouille mortelle jusqu'au jour des funérailles. Ils l'ont accompagné, le cœur tout en larmes, jusqu'à sa dernière demeure, et son tombeau est devenu sacré à leur amour et à leur affection. Car aujourd'hui une des plus grandes récompenses que l'on puisse accorder aux orphelins, c'est de leur permettre d'aller s'agenouiller sur la tombe de M. Herbaux, et de réciter une prière pour le repos de son âme; alors, le plus sage de tous, a le privilége envié de cueillir une fleur dans le massif planté sur

son tombeau, et cette fleur religieusement conservée, est remise au retour à la bonne sœur
supérieure qui en fait l'objet d'une récompense
pour les enfants.

CHAPITRE VI

Mort édifiante de Louis Herbaux.

*Pretiosa in conspectu Domini
mors sanctorum ejus.*

La mort des justes est précieuse
aux yeux du Seigneur. PS. CXV. 5.

La mort des justes est précieuse aux yeux du
Seigneur, parce qu'elle donne des saints à la cité
du paradis et qu'elle peuple le ciel, selon l'ex-
pression de saint François de Sales; c'est pour le
chrétien le passage à une vie plus pure et plus
parfaite.

La mort de M. Herbaux fut édifiante comme
sa vie ; elle fut la prompte récompense de sa
charité. Depuis longtemps sa poitrine était usée
par les fatigues ; il éprouvait souvent de pénibles
suffocations , une toux opiniâtre achevait d'é-

puiser ses forces et d'user son organisme délicat.
Dans le courant de l'été de 1862, il était tombé
plusieurs fois d'épuisement au milieu de son magasin. Néanmoins il se confiait en la Providence,
et il travaillait toujours avec la même ardeur.
Les conseils de ses amis le trouvaient insensible;
il répondait à tous les avertissements qu'il recevait par un aimable refus ou par une promesse,
qu'il paraissait décidé d'avance à ne pas tenir.

Pourtant enfin la nature réclama impérieuse-
ment son tribut : l'énergie de son caractère fut
impuissante à le soutenir plus longtemps. Un
jour qu'il retournait à la hâte à l'heure du dé-
jeûner, pour prendre sa réfection ordinaire, il
tomba épuisé dans la rue. On le releva sans connaissance. Quand il revint à lui, il était couché
dans son lit, ayant à ses côtés ses sœurs déso-
lées et quelques-uns de ses amis, accourus à la
première nouvelle. Il répondit à ceux qui l'en-
touraient par un gracieux sourire, et il voulut se
lever sur-le-champ pour retourner à son travail.

Mais hélas! il ne s'agissait plus pour lui de
travail, ni de fatigues : sa couronne était prête.
Le médecin en effet, comprenant la gravité de la
situation, lui enjoignit le repos le plus absolu, et,
contre son gré, il fut obligé de garder la chambre,

Pourtant, dans les premières semaines qui suivirent cet accident, la maladie ne paraissait pas devoir le conduire à un terme fatal ; on crut sérieusement que la chute de Louis avait été déterminée par l'excès de ses fatigues, et que les soins de la famille et de la science parviendraient à conjurer le danger ; mais après quinze jours d'un malaise peu inquiétant, on vit apparaître les symptômes d'une phthisie pulmonaire, qui a reçu dans la science le surnom de phthisie galopante, qu'elle justifie si bien. Dès lors on perdit tout espoir.

Lui cependant ne paraissait nullement préoccupé de sa position. Il parlait de son prochain retour à la santé, et il exposait ses intentions à l'égard des œuvres qu'il dirigeait. Il se levait à son heure ordinaire, et suivait toutes les habitudes pieuses qui avaient fait le charme et la vie de son âme.

Il était d'une patience angélique : aimable à l'égard de ses sœurs, dont il n'a jamais refusé les bons offices ; aimable à l'égard de son médecin, à qui il tendait toujours la main avec un de ces regards qui allaient au cœur ; aimable envers tous ceux qui le servaient ou qui s'intéressaient à sa santé. Un jour qu'une personne,

touchée de sa résignation, lui disait : « Vous
» avez une bien grande patience, M. Louis. — Oui,
» répondit-il doucement, j'ai de la patience,
» mais c'est Dieu qui me l'a donnée. » Il s'as-
sociait par un principe de foi et de confiance en
Dieu à toutes les neuvaines, que l'on faisait pour
sa guérison, et il attendait tout de la Providence.

Un jour pourtant il lui arriva de pleurer.
Voyant à ses côtés ses sœurs qui se dévouaient
entièrement à lui, il ne put s'empêcher de penser
au vide immense que creuserait sa mort au sein
de sa famille, et, tout en rejetant encore l'idée
d'une séparation prochaine, une larme coula de
ses yeux. « O mes sœurs, dit-il, en leur tenant
» les mains, si je meurs, quel malheur pour
» vous! Mais non! Dieu ne peut m'arracher
» maintenant à votre affection. Pourtant je suis
» résigné à tout. » Louis puisait cette patience
et cette résignation dans la réception fréquente du
sacrement de Pénitence. Il se confessait souvent,
et, comme il ne pouvait chaque fois recevoir le
corps de son Sauveur, il y suppléait par la communion spirituelle et par la lecture d'un chapitre de
l'Imitation, qui lui servait d'action de grâces.

Cependant la maladie poursuivant son cours
impitoyable, et toute espérance étant perdue, on

songea à administrer au bien-aimé malade les derniers sacrements de l'Eglise. Loin de rejeter cette proposition, Louis l'accueillit avec la plus grande joie. « Quel bonheur, dit-il, désormais » je pourrai communier plus souvent! » Il fit préparer lui-même la chambre, qui devait recevoir Celui qui visite les enfants de l'Eglise sur leur lit de douleur, et il voulut qu'on fit servir à la cérémonie tout ce qu'on put trouver de plus beau. Le saint jeune homme reçut les sacrements avec des sentiments de foi, qui arrachèrent des larmes à tous les assistants. Au moment où le prêtre lui faisait entendre que l'Extrême-Onction avait été instituée aussi pour le soulagement des maladies du corps, il répondit : « Oh! je ne veux rien que l'accomplisse- » ment de la volonté de Dieu. Si je désire » guérir, c'est pour mes sœurs qui ont besoin » de mon travail; mais, je le sais, elles ont le » Seigneur pour appui et cela vaut mieux. »

Un de ses amis étant allé le voir dans le courant de la journée (mercredi 6 Novembre), Louis lui dit avec un céleste sourire : « O mon cher, » quelle grande visite j'ai reçue aujourd'hui! Mon » Seigneur et mon Dieu est venu me consoler » sur mon lit de souffrances. »

Le lendemain son directeur crut de son devoir de lui annoncer sa fin prochaine. « Mon ami, » lui dit-il, vous nous quitterez bientôt. — Vous » croyez? répondit Louis, hé bien! quand le » bon Dieu voudra, pourvu qu'il me reçoive » dans sa miséricorde et qu'il me pardonne mes » péchés. »

Il passa la journée du jeudi, moitié dans son lit, moitié dans son fauteuil; il était calme et ne paraissait nullement préoccupé. Il déroulait entre ses doigts amaigris les grains de son chapelet ; il jetait parfois ses regards vers le ciel, comme pour contempler d'avance la couronne qu'il avait méritée; parfois aussi, une larme jaillissait de ses yeux, en voyant autour de lui, les sœurs bien-aimées qu'il avait confiées à la Providence. « Ne craignez rien, mes sœurs, je ne vous quit- » terai pas pour toujours; si vous deveniez dou- » blement orphelines, Dieu vous adoptera pour » ses enfants de prédilection. »

La nuit suivante fut mauvaise, le sommeil ne vint pas fermer la paupière du pauvre malade, qui était accablé par une faiblesse extrême. Quand le jour parut, il reprit un peu de force; une lueur d'espérance vint encourager et pré- parer le suprême sacrifice; le saint malade retrouva même sa gaieté, mais hélas ! tout devait bientôt s'évanouir. La nuit suivante, le mal qui s'était calmé pendant quelques heures reprit son cours, et quand arriva l'aurore, Louis était déjà aux prises avec l'agonie. Pourtant il fit encore sa prière du matin de concert avec la religieuse et les orphelins qui le veillaient, et il s'unit à toutes les invocations que lui suggéra la piété des assistants. « Louis, lui dit la religieuse, c'est » aujourd'hui samedi, jour de la Vierge ; Marie » viendra vous chercher aujourd'hui pour aller » au ciel avec elle. » L'agonie se prolongea jusque vers midi ; le saint malade eut sans cesse à la bouche des invocations ardentes aux deux Cœurs de Jésus et de Marie, et c'est en pressant sur sa poitrine haletante l'image du crucifix, qu'il rendit le dernier soupir : il était onze heures quarante-cinq minutes, le 9 Novembre 1862, Louis était âgé de près de vingt-neuf ans. Une personne présente, dit en recueillant son dernier souffle : « Il y a un saint de plus au ciel, car » Louis a vécu sur la terre comme son patron, » saint Louis de Gonzague.

La mort du saint jeune homme ayant été connue, un grand nombre de personnes vinrent visiter la dépouille mortelle de celui qui avait été

si bon et si dévoué pendant sa vie, et une foule
nombreuse s'empressa à ses funérailles. Nous
transcrivons ici un article de l'*Indicateur*, journal
de Tourcoing, qui résume parfaitement l'impression produite par le concours des fidèles qui assis-
tèrent à ses obsèques. (N° du 17 Novembre 1862.)

« On a célébré lundi dernier, dans l'église pa-
» roissiale de Saint-Christophe, des funérailles
» qui ont attiré un concours de monde inusité.
» Un service des plus modestes avait été de-
» mandé, et pourtant on remarquait un nom-
» breux clergé, et les chants ont été exécutés
» avec toute la solennité des plus grandes pompes
» funèbres. L'église était remplie par une foule
» compacte et recueillie, venue des divers points
» de la ville. Nous ne croyons pas exagérer en
» disant que les familles les plus honorables
» avaient là de nombreux représentants. Un air
» de tristesse était répandu sur toutes les figures,
» et l'on surprenait des larmes dans des yeux peu
» habitués à en verser. On eût dit que chacun
» des assistants venait de perdre un des siens,
» c'était véritablement un deuil public.

« Quel est donc celui dont la mort a causé une
» douleur si générale et si vive à Tourcoing ?
» Est-ce un riche commerçant ? un homme en

» place? un magistrat? un artiste? un savant?
» Non, ce n'est rien de tout cela : c'est simple-
» ment un modeste employé d'une de nos mai-
» sons de commerce , un jeune homme qui n'a
» rien fait d'éclatant, mais qui a toujours été
» un bon chrétien ; et c'est sa vertu seule qui a
» appelé ces hommages extraordinaires de toute
» la ville. Ce ne sont pas seulement les fervents
» catholiques , qui ont tenu à assister à ses ob-
» sèques, on a vu, mêlés à la foule, des hommes
» très-honorables sans doute, mais qui ne se sont
» jamais fait remarquer par leurs sentiments re-
» ligieux ; s'ils sont venus avec les autres, c'est
» qu'ils ont été dominés et entraînés par une
» force supérieure ; c'est qu'ils ont subi l'as-
» cendant d'une vertu dépensée tout entière au
» service du prochain, d'une vie passée dans les
» bonnes œuvres les plus obscures. Jamais une
» vertu ordinaire n'eût provoqué une pareille
» démonstration. Mais qui ne le sait et qui ne
» l'a vu? Ce jeune homme que nous regrettons
» tous comme un frère, était infatigable pour le
» bien. Après une semaine d'un travail labo-
» rieux , il passait encore sa journée du di-
» manche en compagnie des enfants des pauvres,
» dans cette admirable société de Saint-Louis de

» Gonzague, dont on peut dire qu'il a été un des
» fondateurs. Qui ne le sait et qui ne l'a vu?
» Après sa journée, alors qu'il est si doux de
» se reposer au foyer domestique, au milieu des
» personnes que l'on aime, ou dans ces réunions
» d'amis si pleines de charmes, il allait s'enfer-
» mer des heures entières dans une salle de
» l'hospice, pour donner des leçons de chant aux
» pauvres orphelins. Lorsque ses amis alarmés
» se récriaient de cet excès de travail que lui im-
» posait son zèle, il répondait simplement avec
» un sourire indéfinissable : « Ces pauvres petits
» sont si contents et si heureux de la distraction
» que je leur procure, *que je ne me sens pas le*
» *courage de les en priver.* » Voilà pourquoi l'on
» voyait aussi à son convoi les trois cents enfants
» de Saint-Louis de Gonzague, et les petits orphe-
» lins, sous la direction des Filles de l'Enfant-
» Jésus, ces mères que la religion leur a données.
» Tous ces pauvres enfants n'avaient rien à don-
» ner à leur bienfaiteur, si ce n'est une prière, et
» ils sont venus, le deuil dans l'âme, la répandre
» cette prière avec leurs larmes sur sa tombe.

» Bon jeune homme, cher Louis Herbaux, Dieu
» sans doute a déjà récompensé le bon exemple
» que tu nous a donné, et tout le bien que tu as

» fait dans la modeste sphère où il t'avait placé;
» car c'est là la croyance générale de tous ceux
» qui t'ont connu, et chacun, en priant pour le
» repos de ton âme, se sentait invinciblement
» porté à souhaiter pour lui-même une vie aussi
» exemplaire, une mort aussi sainte. Aussi, c'est
» bien sur ta tombe, qui sera élevée par les soins
» de tes amis, que l'on pourra graver ces paroles
» de nos livres sacrés : « Il a passé en faisant le
» bien..., et quoiqu'il ait vécu peu d'années, il
» a fourni une longue carrière, parce que sa
» vie a été pleine de bonnes œuvres et riche en
» vertus. »

En souvenir du dévouement que Louis avait
montré à l'égard des ouvriers, l'administration
de Tourcoing lui a concédé au cimetière, un ter-
rain à perpétuité, et sur le tombeau élevé en
partie par la reconnaissance des enfants de Saint-
Louis de Gonzague, on a gravé l'inscription suivante : *Laissez venir à moi les petits enfants. Ce
que vous avez fait au moindre des miens, c'est à
moi que vous l'avez fait.*

FIN

TABLE

Tourcoing. — Imp. de J. Mathon. 1866.

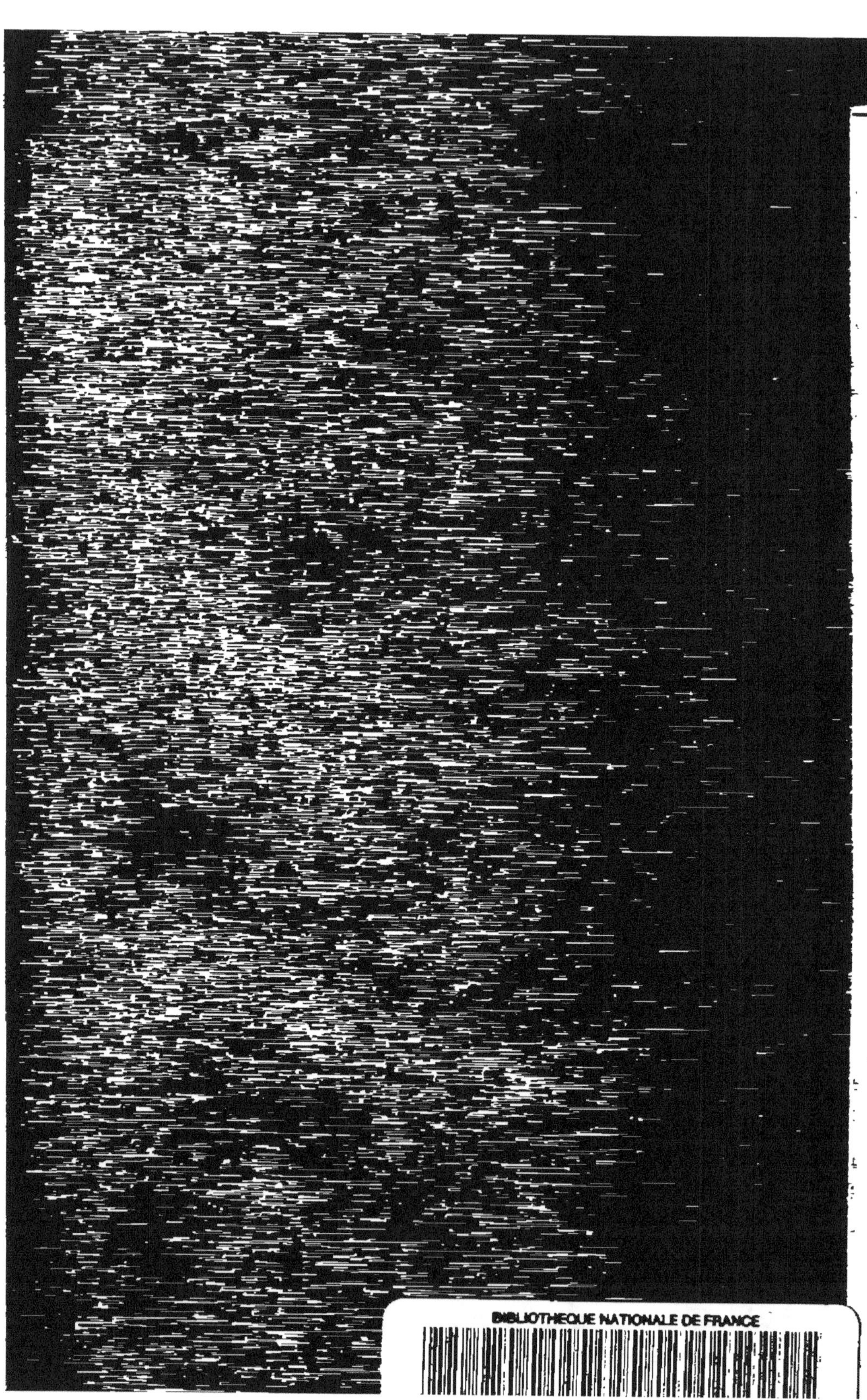